AF193685

Círculo Rojo

Quiero una vida tranquila
(y por qué nunca deberías decir esa frase)

QUIERO UNA VIDA TRANQUILA

(y por qué nunca deberías decir esa frase)

Ashley Isabel Pérez Lorente

Círculo Rojo
EDITORIAL

Primera edición: octubre 2025

Depósito legal: SE 2016-2025

ISBN: 979-13-7023-637-3
Impresión y encuadernación: Editorial Círculo Rojo

© Del texto: Ashley Isabel Pérez Lorente
© Maquetación y diseño: Equipo de Editorial Círculo Rojo

Editorial Círculo Rojo
www.editorialcirculorojo.com
info@editorialcirculorojo.com

Impreso en España - Printed in Spain

El papel utilizado para imprimir este libro es 100% libre de cloro y, por tanto, **ecológico**.

Prólogo

¿Y si te estás apagando sin darte cuenta?

Dices en varias situaciones: «Solo quiero una vida tranquila».

Es fácil decirlo, suena bonito, seguro, sin dramas, sin altibajos, sin locuras, pero déjame preguntarte algo: y si esa es la tranquilidad que deseas tanto…, ¿cuál es la razón por la que no te sientes viva del todo?

A veces, lo que llamamos «calma» no es paz, sino resignación. Es silencio por dentro, es rutina disfrazada de estabilidad, es un corazón que ya no sueña fuerte por miedo a romperse otra vez.

Solo quiero hablarte desde el mismo lugar donde tú quizás estás ahora: ese punto donde la rutina se siente segura, pero vacía.

Con el tiempo entendí algo que me dolió más que cualquier tormenta: hay una calma que no sana, sino que adormece; una calma que no te llena, sino que te encierra. En ese lugar donde todo parece estar bien, dentro de ti algo grita bajito: «¿Y esto es todo?».

Quiero dejar claro que este libro no es para gente que quiere una vida perfecta. Es para las que están cansadas de fingir que están bien solo porque no pasa nada malo. Es para los que sospechan que hay más allá afuera, pero no saben por dónde empezar.

Es para ti, que alguna vez tuviste un fuego dentro… y ahora solo queda una brasa esperando que alguien la sople.

No quiero convencerte de vivir una vida caótica, esa no es la finalidad de este libro. Lo que deseo es inspirarte a vivir una vida real. Con alma. Con vértigo. Con sentido.

Una vida donde a veces tiembles, pero también te rías tan fuerte que te duela hasta la tripa; donde no todo sea tranquilo, pero sí verdadero.

Así que, si te atreves, querido lector, pasemos página. Y nos aventuramos juntas o juntos a quemar esa vieja idea de que vivir sin sobresaltos es lo mismo que vivir bien.

Porque, a veces, lo más valiente que puedes hacer... es renunciar a la tranquilidad que te apaga. A continuación, te voy a dejar una reflexión, léela las veces que necesites, menciónala con alguien cercano, pero despierta.

¿Y si esa vida tranquila está apagando una parte de ti que grita por más?

¿Y si esa vida tranquila está apagando una parte de ti que grita por más?

Índice

1. La mentira de la tranquilidad

A veces, la tranquilidad que tanto buscamos es solo el refugio donde nos escondemos del miedo a vivir plenamente.

A veces, lo que llamas paz es solo miedo disfrazado de calma.

La mentira de la tranquilidad

¿Cuántas veces has deseado una vida tranquila? Una vida donde todo esté en orden, donde las cosas sucedan sin sobresaltos, sin miedo, sin caos. ¿Cuántas veces has dicho en voz baja: «Solo quiero tranquilidad»?

Nos han enseñado que la tranquilidad es el ideal de vida, que es el objetivo final, el lugar donde todo debería ser perfecto, pero lo cierto es que esa idea de la tranquilidad no es más que una mentira.

Y si sigues persiguiéndola, podrías estar renunciando a lo que verdaderamente necesitas: una vida llena de significado.

La comodidad de la calma

Vivimos en un mundo donde el caos, el ruido y la incertidumbre son demonizados. Nos dicen que debemos encontrar la paz, que debemos buscar la serenidad como un fin en sí mismo. Pero esa tranquilidad que tanto anhelas podría estar ocultando tu verdadero potencial. No hablo de caos destructivo, sino de esa incomodidad saludable que te impulsa a salir de tu zona de confort, a atreverte a soñar en grande, a crecer.

La verdadera vida, la vida que te llena de satisfacción, nunca está exenta de desafíos.

La calma puede ser la excusa perfecta

Muchos de nosotros buscamos esa calma porque es lo que la sociedad valora: una vida tranquila es una vida ordenada, es tener control sobre todo, evitar lo incierto, lo desconocido. Pero, a veces, esa búsqueda de tranquilidad se convierte en una excusa perfecta para no hacer frente a lo que realmente importa.

Nos dice que lo que realmente queremos es «no sentir» ese miedo, esa ansiedad, ese impulso de hacer algo más, de luchar por más. «Es más fácil quedarme aquí, en este espacio seguro, en esta burbuja que he creado», pensamos.

Pero lo que no vemos es que, al elegir la calma, podemos estar bloqueando nuestra capacidad de crecer. Esa tranquilidad que buscas esconde el miedo a lo que podrías perder si decides arriesgarte, el miedo a lo desconocido, el miedo a la vida misma.

¿No te has dado cuenta de que muchas veces lo que realmente quieres no es tranquilidad, sino seguridad?

¿Y si la tranquilidad es la verdadera prisión?

Es una paradoja, ¿verdad? La tranquilidad, esa que tanto buscamos, puede ser una prisión invisible que nos lleva a la comodidad y nos hace creer que estamos bien, que todo está bajo control. Pero dentro de esa prisión dejamos de cuestionar, de arriesgar, de soñar.

Nos acomodamos y nos olvidamos de que la vida está hecha de altibajos, de luces y sombras. Si solo buscas calma, terminas rechazando las oportunidades que te desafían a crecer.

El caos necesario para evolucionar

Cada vez que evitas el caos, el desorden o el conflicto, te estás alejando de las experiencias que realmente te hacen evolucionar. Cada vez que eliges no salir de tu zona de confort, de esa zona «tranquila», renuncias a la oportunidad de aprender.

Y lo más curioso es que, cuando miras atrás, esos momentos caóticos, esos momentos de incertidumbre, son los que más recuerdas como los que te cambiaron, los que te hicieron más fuerte, los que te dieron la claridad de propósito. Así que, ¿qué nos puede ayudar a escapar de esta falsa tranquilidad? Aquí te dejo algunas herramientas para que puedas empezar a romper con la mentira de la tranquilidad y vivir una vida más auténtica y plena.

Herramientas para empezar a romper el mito

Hazte preguntas incómodas
Empieza por cuestionarte qué es lo que realmente buscas. ¿Estás buscando tranquilidad porque temes lo que hay fuera de tu zona de confort? ¿O estás buscando seguridad porque te da miedo fallar?

Cuando te haces estas preguntas, empiezas a abrir la puerta a nuevas perspectivas. El primer paso es ser honesto contigo mismo.

Acepta la incomodidad como parte del crecimiento
La incomodidad no es un enemigo, es una señal de que algo importante está sucediendo. Cuando te sientas incómodo, recuerda que ese malestar es el lugar donde nacen los mayores cambios.

Haz de la incomodidad tu aliada. La próxima vez que sientas miedo o inseguridad ante una nueva oportunidad, no te eches atrás. Dale la bienvenida como una señal de que estás en el camino correcto.

Haz algo cada día que te saque de tu zona de confort
Puede ser algo pequeño: hablar con alguien con quien normalmente no hablarías, tomar una decisión que te da miedo, empezar un proyecto que has estado posponiendo. Hazlo sin pensarlo demasiado. Esto no significa lanzarte a lo loco, sino empezar a accionar de manera consciente para superar tus miedos.

Así, poco a poco, irás cultivando esa resiliencia que te permite avanzar incluso cuando todo parece incierto.

Redefine la paz

La verdadera paz no se encuentra en la ausencia de problemas, sino en la capacidad de afrontar los desafíos con serenidad. La paz llega cuando aprendes a aceptar el caos como parte natural de la vida, cuando dejas de luchar contra el desorden y decides navegar con él. La paz no es ausencia de conflicto, es aceptación de lo que es y valentía para enfrentarlo con calma interior.

Rodéate de personas que te desafíen

Deja de rodearte solo de personas que te tranquilizan, que te dicen lo que quieres oír. Busca personas que te desafíen a ser mejor, que te empujen a salir de tu zona de confort, que te hagan pensar más allá de lo que ya sabes. Las personas que te desafían son las que más te ayudan a evolucionar.

Ve el caos como una oportunidad

Cada vez que algo inesperado ocurra, en lugar de rechazarlo, míralo como una oportunidad para aprender algo nuevo. El caos no tiene por qué ser destructivo. Puede ser el impulso que necesitas para reinventarte, para cambiar algo en tu vida que ya no te sirve.

Recuerda esto: la tranquilidad que buscas no siempre es paz. La paz real se encuentra en aceptar que la vida no es predecible, que no todo tiene que ser perfecto ni controlado. La paz real llega cuando decides ser tú misma/o, sin miedo a lo que pueda pasar, sin huir de lo incómodo.

La vida no está hecha para ser tranquila, está hecha para ser vivida con propósito, emoción y valentía. Así que la próxima vez que te encuentres buscando tranquilidad, hazte la siguiente pregunta: «¿Es esta la vida que realmente quiero?».

Porque lo que necesitas no es paz superficial, es paz en tu ser más profundo, esa paz que viene de vivir auténticamente, de no huir de tus emociones, de abrazar tus miedos y seguir avanzando. Esa paz es la que te dará la verdadera libertad.

2. La zona de confort que se volvió cárcel

Lo cómodo no siempre es lo correcto; a veces es solo lo que más miedo te da dejar atrás.

La zona de confort que se volvió cárcel

Nos enseñaron a valorar lo cómodo. Nos dijeron que una buena vida es aquella donde todo está bajo control, donde sabes lo que va a pasar mañana, donde nadie te exige demasiado y tú no exiges nada más. Nos convencieron de que lo conocido es mejor que lo nuevo, de que lo estable es más sabio que lo desafiante. Y así fuimos construyendo, poco a poco, una zona de confort que empezó siendo refugio…, pero que terminó siendo cárcel.

El problema no es tener una rutina. El problema es cuando esa rutina te apaga. Cuando, sin darte cuenta, empiezas a vivir en automático. Cuando los días se sienten iguales y tú, aunque no lo digas en voz alta, sientes que algo en ti está muriendo. Tu zona de confort puede parecer segura, pero también puede ser el lugar donde tus sueños se van a dormir y tu alma se empieza a adormecer.

Nos aferramos a esa zona porque ahí no duele, porque ahí nada cambia, porque ahí no hay errores. Pero tampoco hay sorpresas ni aprendizajes ni crecimiento. Lo triste es que muchas veces te das cuenta de que tu zona de confort se volvió cárcel cuando ya llevas años encerrado ahí, cuando miras hacia atrás y te preguntas en qué momento dejaste de moverte, de sentir, de soñar.

¿Sabes qué es lo más peligroso de esa zona? Que parece paz. Parece tranquilidad. Pero es solo miedo: miedo a fallar, miedo a perder, miedo a empezar de cero, miedo a descubrir de qué estás realmente hecha/o. Te haces pequeño para encajar, para no incomodar, para no arriesgarte. Y con cada «mejor no», «quizá mañana», «ya estoy bien así»…, vas construyendo tu propia jaula.

¿Y cómo sé si estoy en esa cárcel?

Si te haces alguna de estas preguntas con frecuencia, puede que estés dentro:

- ¿Esto es todo lo que hay?
- ¿Y si hubiera elegido otra cosa?
- ¿Por qué me siento tan vacía/o si en teoría tengo todo?
- ¿Por qué ya nada me emociona como antes?

Si esas preguntas te duelen, no te asustes. Eso también es señal de que hay vida dentro de ti pidiendo salir.

Herramientas para romper la jaula invisible

Haz un mapa de tu zona de confort
Toma papel y lápiz y escribe:
- ¿Qué cosas haces cada semana que te resultan cómodas, pero ya no te emocionan?
- ¿Qué decisiones estás evitando tomar por miedo a perder lo que ya tienes?
- ¿En qué aspectos de tu vida sientes que estás estancada/o?

Verlo escrito te da claridad. Te ayuda a ver dónde estás «bien», pero no viva/o.

Reacciona a las excusas con una pregunta poderosa
Cada vez que te digas «mejor no», «aún no es el momento», «no estoy preparada/o»... respóndete:
- ¿Y si sí lo estuviera?
- Esta simple pregunta puede romper una creencia limitante. No necesitas tener todo resuelto para comenzar. Solo necesitas empezar.

Introduce minicambios intencionados
No se trata de abandonar todo hoy. Se trata de despertar.

Cambia tu ruta al trabajo, inicia una conversación nueva, di que sí a algo a lo que siempre decías que no. Haz cosas pequeñas que le enseñen a tu mente que el cambio no es una amenaza, sino una oportunidad.

Visualiza la vida fuera de la jaula

Cierra los ojos e imagina:

- ¿Cómo sería tu vida si soltaras el miedo?
- ¿Qué estarías haciendo si confiaras más en ti?
- ¿Dónde estarías si decidieras ir tras lo que realmente quieres?

Este ejercicio no es fantasía. Es un recordatorio de lo que aún es posible para ti.

Rodéate de expansión, no de conformismo

Las personas a tu alrededor influyen más de lo que crees. ¿Estás rodeado de gente que te reta, que cree en ti, que crece contigo? Si no, empieza a buscar esa energía. Las jaulas se rompen más fácil cuando tienes al lado alguien que te dice «¡Vamos, tú puedes!», en vez de «Quédate aquí, es más seguro».

Tu zona de confort fue necesaria en su momento. Fue tu abrigo cuando lo necesitabas. Pero no está hecha para quedarte a vivir.

Una vida cómoda puede ser lo más incómodo del mundo cuando ya no te llena. Y una vida arriesgada, con propósito, puede ser lo más pacífico que experimentes. Porque cuando vives fiel a ti misma/o, aunque haya retos, hay sentido. Y eso..., eso vale más que cualquier calma vacía.

No estás atrapado, solo estás acostumbrado y puedes salir poco a poco, día a día.

No tienes que tener alas para volar, solo necesitas decidir abrir la puerta.

3. El miedo a querer más

No es que no sepas lo que quieres…, es que te da miedo admitir que lo mereces.

El miedo a querer más

Hay un momento, silencioso pero potente, en el que te das cuenta de que quieres más. Más amor del bueno, más pasión por lo que haces, más libertad, más verdad. Más vida. No porque seas ambicioso ni porque no estés agradecido con lo que tienes. Lo sabes... lo sientes. Ese «más» no nace de la carencia, nace del alma. Pero en cuanto lo sientes, llega el miedo.

¿Y si no puedo?

¿Y si pierdo lo que ya tengo por ir a por eso?

¿Y si no me lo merezco?

Querer más es una declaración valiente. Porque, más allá de lo material, querer más implica reconocer que lo que tienes ya no te basta. Y eso da miedo. Miedo a decepcionar a otros, miedo a parecer egoísta, miedo a fallarte a ti misma. Pero el verdadero problema no es querer más..., es negarte ese deseo solo para encajar en una vida que se te está quedando pequeña.

Nos han enseñado que conformarse es sinónimo de madurez. Que desear algo más es ser desagradecido. Pero no lo es. Ser agradecido no significa aceptar todo sin cuestionarlo. Puedes agradecer lo que tienes y, aun así, mirar al horizonte y decir: «Quiero seguir creciendo».

Lo que muchas veces no reconocemos es que el miedo a querer más no nace de la ambición, sino de la inseguridad. No es que no sepas lo que quieres. Es que no te atreves a imaginarlo como posible para ti.

Y aquí te lo digo con el corazón:

Sí puedes.

Sí vales.

Sí lo mereces.

Herramientas para enfrentarte al miedo de querer más

Habla en voz alta de tus deseos
Escribe o di en voz alta:
- Quiero una relación donde me sienta plenamente amada/o.
- Quiero un trabajo que me apasione.
- Quiero sentirme orgullosa/o de mi vida.

Decirlo no te hace débil ni caprichosa. Te hace honesta. Solo cuando pones nombre a lo que deseas puedes empezar a caminar hacia ello.

Haz una lista de creencias limitantes
Pregúntate:
- ¿Qué ideas me están haciendo sentir que no puedo aspirar a más?
- ¿De quién aprendí que debía conformarme?

Anota cada creencia (ejemplo: «Si dejo esto, me quedaré sola») y enfréntala con una más verdadera (ejemplo: «Si me quedo ya me estoy perdiendo a mí»).

Reescribir esas frases es sanar tu historia.

Visualízate viviendo esa vida que deseas
Cierra los ojos y visualízate en ese «más» que tanto sueñas. ¿Dónde estás? ¿Cómo te sientes? ¿Qué haces? Imagina que ya lo has logrado. Deja que tu cuerpo lo sienta. Hazlo real, aunque sea por unos minutos. Esto no es fantasía. Es recordarte que es posible.

Hazte amiga del miedo, no su esclava
El miedo a veces no desaparece. Pero eso no significa que debas hacerle caso. La clave está en seguir, incluso con miedo.

Puedes decirle: «Sé que estás ahí, miedo, pero hoy no decides tú».

Porque el miedo te puede acompañar, pero tú eliges el rumbo.

Rodéate de lo que quieres atraer

Busca inspiración real: personas que ya estén viviendo lo que tú deseas, contenido que te motive, conversaciones que te eleven. No para compararte, sino para ver que es posible. Lo que ves, lo que escuchas, lo que consumes... moldea tus creencias. Así que aliméntate de posibilidades.

Querer más no es un error. Es un acto de amor propio

Es decirte a ti misma: «No nací para sobrevivir en piloto automático, nací para brillar en mi versión más libre». Y aunque a veces asuste imaginar una vida diferente, lo que da verdadero miedo es quedarte quieta, viendo los días pasar, preguntándote cómo habría sido si hubieras tenido el valor de intentarlo.

Así que, si lo sientes, si dentro de ti hay algo que grita por más, escúchalo.

Ese deseo es tu alma llamándote de vuelta a ti.

No estás sola y sí, puedes ir por más, no porque lo necesites para ser suficiente..., sino porque ya lo eres.

4. Tranquilidad vs. propósito

No confundas estar en calma con estar en paz; a veces el alma grita en los silencios más cómodos.

Tranquilidad vs. propósito

Te han dicho que una vida tranquila es una vida buena. Que si nada te duele, si nada se mueve, si todo se ve ordenado por fuera…, entonces estás bien. Pero ¿y si no?

¿Y si tu corazón está callado, pero no porque esté en paz, sino porque se rindió?

¿Y si esa calma no es más que resignación disfrazada?

¿Y si lo que llamas tranquilidad es, en realidad, la ausencia de movimiento… y de sentido?

Aquí va una verdad incómoda: vivir por debajo de tu propósito puede parecer tranquilo, pero te va matando lentamente.

Puedes tener la casa en orden, el trabajo estable, la pareja correcta, la rutina marcada… y, aun así, sentirte vacía.

Porque el propósito no grita desde el exterior, susurra desde adentro. Y si no le prestas atención, un día te despiertas preguntándote por qué todo parece «bien», pero tú no te sientes viva.

¿Qué es el propósito, entonces?

No tiene que ser algo enorme. No es salvar el mundo o tenerlo todo claro.

El propósito es ese fuego que te da dirección. Es la chispa que te hace sentir que lo que haces tiene sentido. Que tú tienes sentido.

Y muchas veces, para conectar con él, necesitas renunciar a la falsa idea de tranquilidad.

Porque el propósito te sacude, te reta, te lleva a incomodarte. Pero también te llena.

Y prefiero mil veces una vida con caos, pero con sentido, que una vida serena que me apague poco a poco.

Cómo saber si estás eligiendo «tranquilidad» en lugar de propósito

Hazte estas preguntas:
- ¿Estoy eligiendo esto porque lo amo... o porque me da menos miedo?
- ¿Siento orgullo de mi día o solo alivio de que haya terminado?
- ¿Estoy viviendo una vida que me representa... o solo una que no moleste a nadie?

Si las respuestas te duelen, no te culpes. Te estás despertando. Y eso es hermoso.

Herramientas para reconectar con tu propósito

Haz un diario de autenticidad
Te propongo el siguiente reto durante una semana, escribe al final del día:

¿Qué momentos me hicieron sentir viva/o hoy?

¿Cuándo me sentí más yo?

¿Qué hice solo por obligación y qué hice por pasión?

Este ejercicio te ayudará a identificar qué parte de tu día está alineada con tu propósito... y qué parte estás viviendo en automático.

Rómpelo con amor
A veces, para reconectar con tu esencia, tienes que romper estructuras que ya no te representan.

No significa dejar todo atrás de golpe. Significa empezar a decir:«Esto ya no me sirve». «Esto ya no me emociona». «Esto no soy yo».

El primer paso para encontrar tu propósito es dejar de fingir que estás bien cuando no lo estás.

Define tu brújula interna

Toma un papel y escribe tres cosas: Lo que amas, lo que se te da bien y lo que aporta algo al mundo.

En el centro de esas tres cosas suele estar tu propósito. Y aunque aún no puedas vivir de eso, puedes empezar a vivir con eso.

Permítete empezar de nuevo

No importa la edad que tengas ni cuántas veces hayas cambiado de dirección.

Si sientes que lo que haces ya no te representa, tienes derecho a reconstruirte.

Empezar de nuevo no es un fracaso. Es el acto más valiente de amor propio.

Acepta que tu propósito no siempre es fácil

A veces duele, a veces asusta, a veces no entiendes nada. Pero, aun así…, te llena. Porque estás creciendo. Porque estás honrándote. Porque estás siendo tú. Y eso, aunque no sea tranquilo, es paz real.

El verdadero peligro no es fracasar. El verdadero peligro es tener éxito en algo que no te llena.

Pasar los años acumulando seguridad, pero perdiendo identidad.

Vivir sin hacer ruido, pero también sin hacer historia…, al menos, tu propia historia.

Así que hoy te invito a mirar dentro.

Y si hay algo que te arde, que te mueve, que te llama…, aunque no tenga forma clara aún, escúchalo.

Tu propósito no necesita ser perfecto. Solo necesita ser honesto.

Y recuerda:

No viniste a sobrevivir en calma.

Viniste a sentir, a crecer, a crear algo que solo tú puedes dejar en este mundo.

Viniste a vivir una vida con sentido, no solo una sin sobresaltos.

5. Lo que en verdad te da paz

La paz no se encuentra en la quietud, sino en el alma que se atreve a ser libre.

Lo que en verdad te da paz

Vivimos en una sociedad que nos dice que la paz es sinónimo de ausencia de conflictos, de tener todo bajo control, de
mantener todo en silencio, de lograr la calma en medio del caos
externo. Pero ¿y si te dijera que esa idea de paz no es más que
una ilusión?

Esa paz que muchos buscan, esa calma superficial en la que
todo está bien porque nada se mueve es, en realidad, la quietud de un alma que se ha apagado para que nada la altere. Una
paz que a menudo no es más que miedo a sentir, a arriesgar, a
romper. La paz real no tiene que ver con la quietud externa,
sino con el coraje de ser tú misma/o en medio de la tormenta,
de avanzar a pesar de las dudas y de encontrar la libertad en la
autenticidad.

La paz superficial vs. la paz profunda

Te pregunto directamente a ti, sí a ti querido lector...:
- ¿Te has sentido alguna vez en paz cuando todo a tu alrededor está en completo caos?
- ¿O acaso has estado rodeada/o de calma, pero por dentro
  sientes que te ahogas, que hay algo que falta?

Esa paz «superficial» que muchas veces buscamos es como una
venda sobre una herida abierta. Es una calma que viene de las
apariencias: una rutina sin sobresaltos, una vida que no desafía,
una relación que no toca las profundidades del alma. A veces,
tememos tanto la incomodidad de las emociones que preferimos
quedarnos en ese lugar de confort donde no pasa nada, pero tampoco pasa nada importante.

La paz que te venden las películas y las redes sociales es la paz
de no tener que enfrentarte a ti misma/o, a tus deseos, a tus te-

mores. Es el tipo de paz que te mantiene inmóvil, esperando que algo externo te cambie, pero nunca pasa.

¿De qué sirve una paz exterior si no te reconcilias con lo que hay dentro de ti?

La paz real, la que te llena de verdad, no surge de la quietud física, sino de una conexión profunda contigo misma/o, de aceptar que la vida está llena de altibajos, y que en medio de esos altibajos es donde realmente puedes encontrar tu centro.

El viaje hacia la paz real

La paz real es rebelde. No se encuentra en la aceptación pasiva, sino en el coraje de vivir con propósito, con pasión, con autenticidad. No se trata de evitar los conflictos, sino de aprender a enfrentarlos. No se trata de aislarse de los problemas, sino de aprender a navegar a través de ellos con la certeza de que, pase lo que pase, no te perderás.

Aquí está la clave: la paz real se encuentra en la autenticidad.

Si siempre intentas encajar en lo que otros esperan de ti, si vives para cumplir expectativas ajenas, si te sacrificas constantemente por los demás mientras te olvidas de lo que necesitas, nunca sentirás paz genuina. Estarás en paz con lo que los demás quieren para ti, pero no estarás en paz contigo misma/o.

Para encontrar la paz real, primero debes reconocer lo que te hace sentir viva/o, lo que te mueve, lo que te conecta con tu esencia. Eso no siempre será fácil, pero será tu paz. Y cuando la encuentras, aunque la vida siga siendo a veces caótica, la paz será tu ancla.

¿Cómo saber si estás buscando paz o solo calma?

Hazte algunas preguntas:

- ¿Estás eligiendo lo que haces porque realmente lo deseas o solo porque te da paz el no enfrentarte a algo incómodo?
- ¿Sientes que te «ajustas» constantemente para que otros te acepten, o te permites ser tú misma/o, aunque eso signifique desencajar?
- ¿La paz que buscas te hace más viva/o y más conectada/o con tu propósito, o simplemente te aleja de tus emociones profundas?

Herramientas para encontrar tu paz verdadera

Conoce tus emociones, no las escondas
Es fácil huir de lo que sientes, especialmente cuando las emociones son intensas. Pero la paz verdadera no viene de ignorar lo que te duele, sino de aceptarlo. Cada emoción, cada miedo, cada frustración… son señales que te guían hacia lo que realmente necesitas. Si evitas sentir, evitas sanar. Así que permítete sentir, sin juzgarte. Si tienes miedo, si sientes tristeza, si te sientes perdida/o…, escúchalo. Eso te hace humana/o, no débil.

Haz de tu vida un reflejo de lo que realmente eres
No sigas caminos que no resuenan contigo solo porque son fáciles. La paz verdadera está en ser auténtica/o. Si estás en una relación que no te llena, si estás en un trabajo que no te desafía, si te rodeas de personas que no te entienden…, ¿realmente tienes paz? Ser honesta/o contigo misma/o es un acto radical de amor propio. Haz que tu vida sea un reflejo fiel de lo que llevas dentro.

Deja ir lo que no te sirve
A veces, para encontrar la paz, hay que hacer espacio. Dejar ir lo que te pesa, lo que ya no te ayuda a crecer. Puede ser una relación tóxica, una creencia limitante o un trabajo que te drena.

Dejar ir no es perder, es abrir espacio para lo que realmente te nutre. Haz una lista de lo que te ha costado soltar y comprométete a dejar ir, paso a paso.

Crea momentos para ti misma/o, sin ruido

El ruido constante del mundo puede ahogar tu voz interior. Para encontrar la paz, necesitas momentos de silencio, momentos de reconexión. No hace falta un retiro espiritual (aunque, si lo puedes hacer, hazlo), pero sí necesitas tiempo para ti misma/o. Medita, camina sin rumbo, lee algo que te inspire, escucha música que te conecte con tus emociones. Esos momentos de calma verdadera son los que te permiten volver a ti.

Busca la paz en el proceso, no solo en la meta

A veces, nos centramos tanto en llegar a la meta que olvidamos disfrutar el viaje. La paz no está solo al final del camino, está en cada paso que das, en cada lección que aprendes, en cada pequeño logro. La paz es vivir plenamente el momento presente, sin estar obsesionada/o con el futuro.

La paz real no es un lugar donde llegar, sino un estado de ser que cultivas dentro de ti misma/o.

No tiene que ver con que todo esté bajo control. Tiene que ver con saber que, pase lo que pase, te tienes a ti.

Es estar en paz con tu humanidad, con tus imperfecciones, con tus cambios. Es saber que la vida no es una constante calma, sino una danza entre momentos de caos y momentos de serenidad. Y, aun en el caos, puedes encontrar tu centro.

Porque la paz no es la ausencia de todo lo que te incomoda, sino la certeza de que, aunque el mundo gire y las tormentas lleguen, tú seguirás siendo tú. Y eso, querida/o, es lo que te da verdadera paz.

6. El caos necesario para vivir

Solo lo que se desordena revela lo que de verdad permanece.

El caos necesario para vivir

Nos pasamos la vida entera huyendo del caos. Nos enseñan a temer el ruido, a mantenerlo todo bajo control, a no llorar demasiado, a no desear demasiado, a no arriesgar demasiado. Crecemos creyendo que vivir en calma es lo mismo que vivir bien…, hasta que esa calma se convierte en una cárcel sin ventanas.

Pero hay un tipo de caos que no destruye, sino que libera. El caos necesario. El que aparece cuando todo se empieza a mover por dentro, cuando una parte de ti cansada de fingir que está bien empieza a gritar por lo que realmente quiere. Ese caos duele, confunde, revuelve. Pero también despierta.

En él entendemos que el amor real no siempre llega en silencio, ni la felicidad se siente como un suspiro sereno.

A veces, amar es tormenta.

A veces, crecer es romperse.

A veces, cambiar duele, porque es una forma de renacer.

Nosotros lo sabemos. Hemos sentido cómo el caos de la distancia, del miedo, del no saber qué pasará… puede sacudirlo todo. Pero también hemos aprendido que lo que de verdad importa sobrevive al caos. Y si sobrevive, se fortalece.

Así es contigo. En medio del desorden, elegimos amarnos. Aun cuando no todo esté claro. Aun cuando tiemble el suelo. Porque el verdadero amor no se trata de que todo esté bien siempre, sino de seguir eligiéndose incluso cuando nada lo está.

El caos nos mostró lo esencial. Que no necesitamos una vida perfecta, sino una vida con propósito. Que vale más una verdad desordenada que una mentira en calma.

Herramientas para abrazar el caos (y no huir de él)

Escribe sin filtros

Dedica cinco minutos al día a escribir lo que sientes sin juzgarte, créeme que no tiene que tener orden ni sentido, no le busques las cinco patas al gato, únicamente escribe. El caos también se sana cuando se nombra.

Hazte una sola pregunta

¿Qué parte de mi vida necesita moverse, aunque me dé miedo? No busques la respuesta perfecta. Solo sé honesta/o contigo. El primer paso del cambio no es saber a dónde vas, es dejar de ignorar lo que ya no te sostiene.

Crea un ritual para los días de tormenta

Elige una *playlist*, un olor, una prenda o un lugar seguro para ti. No para escapar del caos, sino para tener un ancla mientras lo atraviesas. La calma interior también se construye.

Abraza el desorden sin culpa

Si tu habitación está hecha un desastre, si lloraste sin razón, si no sabes qué hacer con tu vida hoy…, está bien. No estás fallando. Estás viviendo.

Recuérdalo: no eres el caos, estás en proceso de ordenarte desde otro lugar.

Habla con alguien que no te juzgue

En algunos momentos de nuestra vida necesitamos una mirada externa que no nos quiera arreglar, sino simplemente escuchar. El caos se vuelve menos pesado cuando se comparte con la alguien que nos ama incluso en nuestras versiones más rotas.

7. Cuando el silencio ya no basta

Hay un tipo de silencio que no es paz, sino miedo. Un silencio que se disfraza de madurez, de comprensión, de paciencia…, pero que, en el fondo, es solo una forma de desaparecerte poquito a poco.

Cuando el silencio ya no basta

Durante mucho tiempo, creí que elegir el silencio era elegir la armonía. Que si me tragaba mis necesidades, si no decía lo que me dolía o lo que quería, estaba siendo madura, estaba cuidando de los demás.

En muchas relaciones, y no solo de pareja, aprendí a mirar hacia otro lado, a acomodarme en lo que era cómodo para ellos, aunque fuese una cárcel para mí. Me convertí en una experta en evitar choques.

Si había que ceder, yo cedía.

Si había que callar, yo callaba.

Porque, en mi cabeza, hablar podía hacer que todo explotara. Y yo solo quería paz, o eso creía…

Pero hay un día, y no siempre llega con dramatismo, en el que el silencio empieza a doler más que cualquier discusión.

Un día en el que te escuchas por dentro y sabes que algo no va bien, no va de la manera lineal a la que estabas acostumbrada, te das cuenta de que te has estado abandonando a ti misma. Que esa paz que creías cuidar no era paz, sino una calma artificial, donde tú no tenías voz ni voto.

Y ahí comienza el cambio.

¿Cómo empiezo a dejar de callar?

Aprende a preguntarte: «¿Qué necesito ahora?»

Muchos silencios vienen porque ni siquiera sabemos lo que necesitamos. Tómate un momento cada día para hacerte esa pregunta. Escríbelo si quieres. La claridad contigo misma es el primer paso para poder expresarte con los demás.

Empieza por lo pequeño

No hace falta que empieces diciendo todo lo que has callado durante años. A veces, expresar algo mínimo como «no me apete-ce esto» o como «hoy necesito estar sola» ya es un acto de valen-ía. Cuanto más lo practiques, más natural será.

Usa frases que no atacan, pero que sí afirman

Hablar no es gritar ni acusar. Puedes empezar frases con «Yo siento que…» o «Para mí es importante…» en lugar de «Tú nun-ca…» o «Tú siempre…». Tu voz no tiene que ser una espada, puede ser una linterna.

Recuerda que mereces espacio, no solo utilidad

Si estás en una relación, amistad o entorno donde solo vales cuando no molestas, entonces no es un espacio seguro. Tu voz no es una carga. Lo que sientes, lo que piensas y lo que necesitas no tiene que quedar en segundo plano para que te quieran.

Imagina qué le dirías a tu yo más joven

¿Le dirías que se calle para que no la rechacen? ¿Que aguante con tal de que no haya conflicto? No. Le dirías que su voz impor-ta, que no está sola, y que decir lo que siente no la hace menos digna, sino más libre. Recuérdate eso a ti también.

Entiende que el conflicto no siempre destruye, a veces construye

Cuando te atreves a decir lo que llevas dentro, puede que al-gunas cosas se tambaleen. Pero lo que es real, lo que te quiere de verdad, se quedará. Y se adaptará. Y crecerá contigo.

Así que hoy deseo que te mires al espejo y, mirándote a los ojos fijamente, te digas lo siguiente: «Hoy decido no callarme no por-que quiera discutir, sino porque ya no quiero desaparecer de mí».

8. Valentía no es ruido, es elección

Ser valiente no siempre se nota. A veces, la mayor muestra de coraje es decir «esto no me sirve» sin necesidad de gritarlo.

Valentía no es ruido, es elección

Nos han hecho creer que la valentía tiene que ser escandalosa; que si no haces ruido, si no rompes todo, si no haces una revolución…, entonces no estás siendo valiente. Pero no, no es cierto, la valentía real muchas veces se ve en lo cotidiano. En las pequeñas decisiones, en los silencios que ya no son resignación, sino poder.

Valentía no es decir todo a voces, es decir lo que importa en el momento justo. Es coger y ponerte de pie incluso con las piernas temblando.

Es elegirte a ti mismo sin necesidad de aplastar a nadie más. Es tener la fuerza para ser tú, aunque eso no encaje en las expectativas de los demás.

Y si estás leyendo esto con un nudo en la garganta, déjame decirte algo muy claro: yo estoy contigo.

Estoy con cada parte de ti que ha dudado, que se ha sentido débil por no reaccionar como otros esperaban. Estoy con tu forma de ser fuerte, aunque sea más silenciosa, más sensible, más pensada.

Y estoy aquí para decirte que sí: eso también es valentía.

A veces, la elección más valiente es soltar algo que ya no encaja. Alejarte de quien no te ve. Quedarte donde estás cuando todos se van o irte cuando todos se quedan. Y no necesitas justificarlo con fuegos artificiales. Tu sola existencia, tu lucha diaria, tu capacidad de seguir creyendo en ti… ya es fuego suficiente.

Cómo ejercitar la valentía auténtica

1. Redefine lo que es valentía para ti

Haz una lista de cosas que hiciste, aunque te dieran miedo. Desde terminar una relación o presentarte a algo que dudabas, hasta ir a terapia, cambiar de trabajo o hablar con alguien que te hirió... Cada una de esas cosas fue valentía, aunque nadie lo viera.

2. Entiende que dudar no te quita fuerza

La duda no es debilidad, es consciencia. Las personas valientes no son las que no tienen miedo, sino las que avanzan con él.

3. Di más veces «esto lo elijo yo»

Estás en tu vida para decidir por ti. Cada vez que te escuches preguntándote «¿Y si no les gusta?», cámbialo por «¿Esto me hace bien a mí?». La valentía es ser coherente contigo, incluso si no es lo que los demás esperaban.

4. Rodéate de personas que respeten tu forma de ser valiente

No tienes que demostrarle nada a nadie. Pero si te rodeas de personas que solo valoran las formas «ruidosas» de demostrar fuerza, acabarás creyendo que no tienes suficiente. Tu estilo también vale.

5. Recuerda: elegirte no es egoísmo

Es madurez emocional. Cuando tú estás bien, tu entorno también mejora. Ser valiente es dejar de ponerte en último lugar.

Y antes de cerrar este capítulo..., déjame decirte esto:

Estoy orgullosa de ti.

Por leer esto, por cuestionarte, por intentarlo, no importa si vas despacio, eso es lo de menos en esta aventura, lo importante es que no te sueltes.

Y yo no te voy a soltar. Estoy contigo.

No necesito gritar para ser fuerte. Mi valentía está en cada paso que doy hacia lo que sí quiero ser.

9. Cómo empezar a moverse

No hace falta que corras, solo que no te quedes quieta donde ya no eres feliz.

Cómo empezar a moverse

A veces, no sabemos si estamos estancados o solo cansados, y en ese instante dudamos. Esperamos a que llegue «el momento perfecto», ¿cierto? Nos repetimos a nosotros mismos que mañana sí. Pero la verdad más valiosa es que el cambio no llega con fuegos artificiales, llega con pasos torpes, pequeños, a veces invisibles desde fuera. Y sí, a veces da miedo, porque moverse implica arriesgarse, salir de lo conocido, soltar lo que ya no te llena, aunque te sea familiar.

Pero te prometo algo: tú puedes empezar ahora, desde donde estás. Aunque no lo tengas todo claro, aunque sientas que vas a fallar, porque no se trata de avanzar rápido, sino de no dejar que el miedo te congele.

Y aquí estoy yo, contigo, sí, una escritora que sabe muy bien de lo que te habla. Estoy aquí no para empujarte, sino para acompañarte. Para recordarte que no estás sola, que cada pequeño movimiento que haces cuenta.

Que tu ritmo es válido, que tu proceso merece respeto y para que sepas que no eres menos por ir paso a paso.

¿Cómo empiezo a moverme?

1. No esperes a tenerlo todo resuelto para empezar
No necesitas el plan perfecto. Solo una dirección. Una pequeña acción. A veces, algo tan simple como buscar información, escribir tus ideas, hablar con alguien, ya es un primer paso.
2. Define un microobjetivo diario
No te pongas metas gigantes. Ponte retos que puedas cumplir en uno o dos días. Por ejemplo: actualizar tu CV, hacer una lista de lo que ya no quieres, decir «no» a algo que antes aceptabas por inercia.
Los pequeños avances crean impulso.

3. Rodéate de energía que te mueva, no que te frene

Escucha *podcasts*, lee libros, sigue a personas que te inspiren, habla con quien te empuje hacia delante.

No tienes que hacerlo todo sola, pero sí necesitas cuidar lo que consumes emocionalmente.

4. Permítete celebrar cada paso

No minimices tus avances. Que hoy te hayas levantado con intención, que hayas dicho algo que solías callar, que hayas hecho algo nuevo… ya es moverte.

Reconócelo, y quiero que te abraces por ello.

5. Y si fallas, vuélvelo a intentar distinto, no perfecto

Equivocarse no es volver al punto cero. Cada intento te enseña algo. No se trata de hacerlo sin errores, se trata de no rendirte contigo.

Estoy contigo en cada paso nuevo que das, incluso en los que das temblando.

Y también en los que te cuesta dar.

Te abrazo desde aquí, con todo lo que eres, con todo lo que sueñas, con todas esas ganas que a veces parecen apagadas, pero siguen vivas.

Muévete, aunque no tengas todo claro. El camino se va revelando mientras lo caminas, porque en lo que quieres que te digas a ti en voz baja es lo siguiente: «No sé a dónde me llevará este paso, pero sí sé que quedarme quieta ya no es una opción».

10. Elegir el fuego en lugar del hielo

Prefiero quemarme de verdad antes que vivir congelada en una vida que no me enciende.

Elegir el fuego en lugar del hielo

Hay momentos en los que tienes que elegir: seguir aguantando lo frío, lo que no vibra contigo, lo que ya no te da vida... o saltar al fuego.

El fuego no es siempre destrucción, a veces es limpieza; a veces, es comienzo.

El hielo conserva, sí, pero también congela sueños, deseos, verdades. Y tú no viniste aquí para vivir entumecida.

Viniste a sentir, a elegirte, a equivocarte si hace falta, pero siempre viva.

Yo también he estado ahí: en lugares donde todo parecía «correcto», pero por dentro algo gritaba. En decisiones que dolían más por lo que se dejaba atrás que por lo que venía. En relaciones donde el amor era tibio, donde me apagaba poco a poco, donde me quedaba por miedo a prender la chispa de lo desconocido.

Pero te lo digo con el corazón en la mano: no naciste para lo cómodo, naciste para lo real.

Y a veces lo real arde, sí. Pero es que solo desde el fuego puedes renacer.

¿Cómo elegir el fuego? ¿Cómo saber que es el momento?

1. Si tienes que apagarte para encajar, es hora de salir de ahí

Ya sea un trabajo, una amistad, una rutina... Si te está robando tu brillo, es hielo. Y el hielo a veces parece bonito, pero te mata lentamente. El fuego, en cambio, te obliga a moverte, a sentir, a ser tú.

2. Elige lo que te enciende, aunque dé miedo

Escribe una lista de cosas que te hacen sentir viva. No importa si son locas, grandes, pequeñas o difíciles. Míralas. ¿Cuántas de ellas estás haciendo ahora mismo? ¿Cuántas estás dejando de lado por comodidad?

3. No confundas paz con parálisis

La calma está bien, pero cuando es auténtica. Si estás inmóvil por miedo, no es paz: es frío. El fuego real también puede ser tranquilo, pero siempre es consciente. Te mueve desde adentro, no desde el «debería».

4. Atrévete a elegir el riesgo con propósito

Cambiar de camino, cortar con alguien, apostar por un sueño, decir una verdad incómoda..., sí, puede doler. Pero ¿y si ese dolor es solo el precio de ser tú? ¿Y si ese fuego es el que te libera?

5. Rodéate de almas que también ardan, no que te apaguen

Estás en un momento de tu vida donde necesitas conexión, no conformismo. Busca a quienes te animen a ser más tú, no menos. Que celebren tu fuego, que no te pidan quedarte en el hielo para que ellos no se quemen.

Y aquí estoy yo, de nuevo, para decirte:

No estás sola en este incendio de transformación.

Te acompaño mientras enciendes lo que habías enterrado.

Te abrazo mientras sueltas lo que ya no te alimenta.

Y si tiembla todo alrededor, recuerda que eso también es parte del proceso.

Es señal de que estás viva.

Hoy elijo el fuego: porque prefiero arder siendo yo a congelarme siendo lo que esperan.

11. Tu vida no tiene que gustarle a nadie

No estás aquí para cumplir con el guion de nadie. Estás aquí para escribir el tuyo, aunque nadie lo entienda al principio.

Tu vida no tiene que gustarle a nadie

A veces, sin darnos cuenta, vamos construyendo una vida que no es nuestra, tomamos decisiones pensando en qué opinarán los demás, en qué será «más seguro», en lo que nuestra familia espera, en lo que la sociedad aplaude… y, poco a poco, nos alejamos de nosotros mismos.

¿Y sabes qué es lo más duro? Que incluso cuando lo logramos (cuando estudiamos eso, conseguimos aquel trabajo, mantenemos una relación estable), hay una voz dentro que sigue sin estar en paz.

Porque el alma no se conforma con aplausos prestados, aunque al principio te dé ese subidón de serotonina, si eres honesta contigo misma sabrás que algo no está bien en tu interior.

Esa vida que estás viviendo, ¿es tuya? ¿O es la versión aceptable de ti que los demás validan?

Yo te entiendo.

Sé lo que es tener miedo a decepcionar.

Sé lo que es callarte para no molestar.

Sé lo que es sentir culpa por querer algo distinto, por soñar con algo más grande, por ir en dirección contraria.

Y sé lo que es dejar de gustar cuando empiezas a ser tú de verdad.

Pero también sé lo que es empezar a respirar más profundo cuando dejas de actuar para otros. Lo que es dormir más tranquila sabiendo que tu vida al fin se parece a lo que sientes por dentro.

Cómo empezar a soltar la necesidad de aprobación

1. Pregúntate: ¿esto lo estoy eligiendo por mí o por miedo a decepcionar?

Hazlo con cada decisión importante. Y si la respuesta es «por miedo», dale espacio a lo que realmente quieres. Aunque dé miedo, eso es lo que te hace libre.

2. Crea tu propio mapa de éxito

Éxito no es tener lo que todos quieren. Es tener lo que tú necesitas para sentirte bien contigo misma. Haz una lista de lo que significa «una buena vida» para ti. Que no sea prestada. Que sea tuya.

3. Aprende a tolerar el juicio sin que te detenga

No todo el mundo va a entenderte. Y no tienen que hacerlo. Si tú te entiendes, te escuchas y te respetas, ya estás en el camino correcto.

4. Recuerda que quien te quiere de verdad no necesita que seas menos

Las personas que te aman no te piden que te traiciones. Si para encajar tienes que alejarte de ti, ese lugar no es hogar.

5. Celebra cada vez que eliges por ti

Desde lo más pequeño (vestirte como te gusta) hasta lo más profundo (cambiar de camino profesional, dejar algo que no va contigo). Esos actos son declaraciones de amor propio.

Estoy contigo también en esto: en tu libertad.

En tu derecho a ser tú, sin pedir perdón.

En tu camino de quitarte capas hasta encontrarte.

No tienes que gustar a todos. Pero sí debes gustarte a ti.

Y recuerda: ser auténtica no siempre será cómodo, pero sí será verdadero. Y lo verdadero siempre termina construyendo algo hermoso.

12. La nueva definición de paz

Pensé que la paz era silencio. Hoy sé que también puede ser un grito de verdad.

La nueva definición de paz

Durante mucho tiempo, creímos que la paz era estar bien con todos, no discutir, no molestar. Creímos que era decir «sí», aunque quisiéramos decir «no»; que era dejar pasar, callar lo que dolía, encajar sin hacer ruido.

Pero eso no era paz: era parálisis disfrazada, era miedo con voz bajita.

Porque la paz real no siempre es suave, pero siempre es sincera.

La paz de verdad a veces tiembla, a veces se defiende, a veces dice «basta».

Y empieza, siempre, cuando te eliges.

¿Cómo se ve la paz verdadera?

1. Se parece a ti cuando no te justificas

Cuando decides sin pedir permiso. Cuando no necesitas explicar tu forma de vivir. Cuando no cargas con las expectativas ajenas como si fueran tuyas.

Eso es paz: poder ser sin tener que convencer.

2. Tiene la forma del lugar donde respiras sin miedo

A veces es una casa, a veces una persona, a veces, tú sola en la cama.

La paz no siempre es un entorno perfecto, pero siempre es un lugar donde puedes respirar profundo sin esconder nada.

3. Es decir lo que sientes, aunque tiemble la voz

Porque paz no es evitar conflictos: es elegirte, incluso si eso incomoda.

Es decir «esto no me hace bien», aunque el otro no lo entienda.

Es saber que, cuando te cuidas, todo se ordena, aunque duela.

4. Es soltar lo que pesa, aunque al principio parezca pérdida

Hay personas, rutinas y pensamientos que no son hogar, son cárcel.

Y la paz llega cuando sueltas lo que duele más de lo que sana, aunque al principio parezca vacío.

5. Es dejar de castigarte

Paz es hablarte bonito. Perdonarte. Entender que no tienes que ser perfecta ni rápida ni fuerte todo el tiempo.

Paz es darte espacio. Acompañarte con ternura.

La paz de hoy no es la que me enseñaron. No es quedarme quieta. Es saber cuándo irme.

No es complacer. Es serme fiel.

No es el mundo en silencio. Es mi alma en calma, aunque fuera haya ruido.

Si quieres empezar a construir tu propia paz, intenta esto:

- Crea un espacio diario de pausa, aunque sean cinco minutos. Solo tú. Sin pantallas. Sin presión. Solo tú, escuchándote.
- Revisa qué relaciones te apagan y pon límites. Aunque sean pequeños. Aunque solo empieces por decir «hoy no puedo».
- Escribe lo que ya no estás dispuesta a seguir tolerando. Nómbralo. Verlo claro te da poder.
- Haz una lista de lo que sí te da paz real: gestos, personas, hábitos, lugares. No lo olvides. Vuelve a ellos cuando el mundo se ponga frío.

Y como siempre, aquí estoy contigo.

En cada búsqueda.

En cada ruptura con lo que ya no sirve.

En cada intento de volver a ti.

La paz que estás construyendo no se parece a lo de antes. Y eso está bien.

Porque esta vez es real.

Quiero una vida tranquila

Y es tuya.

Ya no busco la calma de los otros.
Hoy elijo la paz que nace cuando dejo de traicionarme.

Aquí empieza tu historia

Este libro te acompañó a mirar de frente muchas cosas: el miedo, la falsa tranquilidad, los silencios que ya no puedes sostener, el fuego que te quema por dentro, y esa nueva paz que nace cuando eliges serte fiel.

Te sostuvo. Te retó. Te abrazó.

Pero ahora… ya no necesita decir más.

Porque el siguiente paso no está en estas páginas: está en ti.

Aquí no acaba nada.

Aquí empieza lo que de verdad importa: TU historia.

Tu manera de reconstruirte.

Tu versión más honesta.

Tus días difíciles y tus días gloriosos.

Tus «no sé» y tus «ahora sí».

Tus decisiones sin permiso, tus «síes» valientes, tus «noes» salvadores.

Un espacio para ti

Esta página es tuya.

Tómala como semilla, como manifiesto, como primer grito o primer susurro.

Escribe aquí lo que necesites:
- Lo que quieres empezar.
- Lo que ya no estás dispuesta a callar.
- Tu definición de paz.
- Una promesa a ti misma.
- Un recuerdo que no quieres olvidar.
- Una nota para tu «yo del futuro».
- O simplemente tu nombre, en letras grandes, como quien declara: «Aquí estoy. Empezando de verdad».

Toma un bolígrafo, hazlo ritual, pero, lo más importante, hazlo tuyo.

Y si hoy no sabes qué escribir, no pasa nada, volverás cuando estés lista. No se te olvide que el comienzo también es esperar con paciencia.

Pero cuando lo hagas..., cuando empieces..., que sea con amor, con verdad y, sobre todo, contigo al mando.

No soy el final de una historia.
Soy la página en blanco donde todo puede empezar.

Epílogo.
No quiero una vida tranquila: quiero una vida real

Una vida tranquila me enseñó a sobrevivir. Una vida real me está enseñando a vivir.

Durante mucho tiempo creí que la tranquilidad era lo máximo a lo que podía aspirar.

No molestar.

No discutir.

No sobresalir.

Ser buena.

Ser correcta.

Ser suficiente.

Encajar sin hacer ruido.

Pero la verdad es que, mientras aparentaba calma por fuera, por dentro me iba perdiendo, porque la tranquilidad que viene de apagar tu verdad no es paz: es resignación.

Entonces, un día lo entendí: no quiero una vida tranquila, quiero una vida real.

Una vida en la que pueda sentirlo todo: las dudas, los errores, los aciertos. La incomodidad de crecer, el miedo a soltar, la alegría de elegirme.

Quiero una vida que me duela a veces, sí, pero que también me haga vibrar.

Quiero una vida mía.

Que no se parezca a ninguna otra.

Que no necesite aprobación, porque ya tiene sentido para mí.

Una vida con verdad. Con fuego. Con alma.

Si estás leyendo esto, quiero que sepas algo:

No estás sola.

Y no estás rota.

Estás viva.

Y eso es un milagro en sí mismo.

Nadie más va a escribir tu historia.

Nadie más puede ocupar tu lugar.

Y eso ya es motivo suficiente para empezar a vivir diferente.

Así que aquí, justo aquí, donde otros pondrían un punto final…, te dejo una puerta abierta.

Carta al lector

De Ashley, para ti

Hola, tú.

Sí, tú, que leíste hasta el final.

Gracias.

Gracias por confiar, por quedarte, por abrirte.

Este libro no está escrito desde la cima, está escrito desde el camino.

Con heridas, con tropiezos, con preguntas sin responder.

Pero también con una certeza: que mereces vivir una vida que te haga sentir viva.

Te escribo esto con el corazón blando y valiente.

Queriendo decirte que, aunque a veces te sientas pequeña o perdida, sigues siendo digna de todo lo bueno.

Que cada paso que des hacia ti, aunque sea diminuto, ya es un acto de amor.

Ojalá este libro te haya sostenido un poquito.

Ojalá te haya recordado que tu fuego no es un error.

Y que la paz que tanto buscas… empieza por no seguir negándote.

Te abrazo,
Ashley Isabel Pérez Lorente

Agradecimientos

Quiero dedicar un agradecimiento muy especial a mi abuela, Francisca Rosa. Aunque ya no esté físicamente a mi lado, su luz sigue guiando cada paso de mi vida. Fue un ser de fuerza infinita, de esas mujeres cuya presencia marca para siempre. Su amor su valentía y su ejemplo permanecen en mí, inspirándome cada día a seguir adelante.

A las personas que me rodean, gracias por ser mi refugio constante y por enseñarme el valor de la familia.